Matemáticas 4º ESO
17. Derivadas (II)

José Rodolfo Das López

Matemáticas 4º ESO - 17. Derivadas (II)
© José Rodolfo Das López, 2018.
Correo Electrónico: `jose.das@jrdas.org`
Diseño portada y contraportada: Claudia Escribano Máñez
Edita: Sección del IES Fernando III de Ayora en Jalance

ISBN: 978-84-17613-17-4
Depósito Legal: V-1999-2018
1ª edición: Julio, 2018

Índice

Índice	3
1 Derivada de la función exponencial.	5
2 Derivada de la función logarítmica.	11
3 Derivadas de las funciones trigonométricas básicas.	19
4 Funciones trigonométricas inversas	32
5 Funciones arco	33
6 Derivada de la función recíproca o inversa.	39
Soluciones	42

1 Derivada de la función exponencial.

Sea $a \in \mathbb{R}$, la función $a^{f(x)}$ es derivable en todo el dominio de f y, además,

$$[a^{f(x)}]' = a^{f(x)} f'(x) \ln a \, dx$$

En particular, si $a = e$, la función $e^{f(x)}$ es derivable en todo el dominio de f y, además,

$$[e^{f(x)}]' = e^{f(x)} f'(x) dx$$

Para verificarlo, aplicando la definición de función derivada:

$$f'(x) = \lim_{h \to 0} \frac{f(x+h) - f(x)}{h} = \lim_{h \to 0} \frac{e^{x+h} - e^x}{h} = \lim_{h \to 0} \frac{e^x(e^h - 1)}{h} = e^x \cdot \lim_{h \to 0} \frac{e^h - 1}{h}$$

ya que el factor e^x no depende de h y puede, por tanto, extraerse del límite.

Por otra parte, $f'(0) = \lim_{h \to 0} \frac{f(0+h) - f(0)}{h} = \lim_{h \to 0} \frac{e^h - 1}{h}$, así pues:

Si $f(x) = e^x$, entonces $f'(x) = f'(0) \cdot f(x)$.

Por tanto, la derivada de la función exponencial de base e es proporcional a dicha función, siendo la constante de proporcionalidad $f'(0)$, es decir, la pendiente de la recta tangente a dicha curva en el punto $(0,1)$.

Para calcular el valor de esta constante podemos utilizar la calculadora, obteniendo los siguientes resultados.

h	0,1	0,01	0,001	0,00001	0,000001
$\dfrac{e^h - 1}{h}$	1,051709...	1,005016...	1,000500...	1,000004...	1,000000...

Es decir, la constante de proporcionalidad vale 1 y, por tanto, la función exponencial $f(x) = e^x$ cumple la condición de que su función derivada es igual a ella misma. Si $f(x) = e^x$, entonces $f'(x) = f(x) = e^x$.

Este resultado proporciona una definición alternativa para el número e: la base de función exponencial $f(x) = a^x$ para la que se cumple que su derivada es ella misma, $f'(x) = f(x)$, es el número e.

Ejercicio resuelto 1.1

Calcula la derivada de la función $f(x) = e^{u(x)}$, donde $u(x)$ es una función, y aplica el resultado a $f(x) = e^{x^2 + 2x - 1}$.

Aplicando la regla de la cadena, será $f'(x) = e^{u(x)} u'(x)$. Si $f(x) = e^{x^2 + 2x - 1}$, resulta:

$$f'(x) = e^{x^2 + 2x - 1} \cdot (x^2 + 2x - 1)' = e^{x^2 + 2x - 1} \cdot (2x + 2)$$

Ejercicio resuelto 1.2

Deduce la derivada de la función exponencial $f(x) = a^x$, siendo a cualquier número positivo.

Se escribe la función como $f(x) = a^x = e^{\ln(a^x)}$ y se deriva aplicando la regla de la cadena:

$$f'(x) = e^{\ln(a^x)} \cdot (\ln(a^x))' = a^x \cdot (x\ln(a))' = \ln(a) \cdot a^x$$

Con esto, $(a^x)' = \ln a \cdot a^x$.

Ejercicio resuelto 1.3

Deduce una fórmula para encontrar la derivada enésima de la función $f(x) = \dfrac{1}{e^{2x}}$.

La función es $f(x) = \dfrac{1}{e^{2x}} = e^{-2x}$. Se calculan las primeras derivadas.

$$f'(x) = -2e^{-2x}$$
$$f''(x) = 4e^{-2x}$$
$$f'''(x) = -8e^{-2x}$$
$$f^{iv}(x) = 16e^{-2x}$$

Se observa que las derivadas impares son negativas, y las pares, positivas. Además, el factor (sin contar el signo) que multiplica a e^{-2x} en la derivada k-ésima es 2^k.

Por tanto, la derivada enésima es: $f^{n)}(x) = (-1)^n \cdot 2^k \cdot e^{-2x} = (-2)^n \cdot e^{-2x}$

Ejercicios

1. Obtén la derivada de estas funciones exponenciales.

    (a) $f(x) = 8^x$

    (b) $f(x) = 5^x$

    (c) $f(x) = \left(\frac{3}{5}\right)^x$

    (d) $f(x) = \left(\frac{1}{2}\right)^x$

    (e) $f(x) = 0,32^x$

(f) $f(x) = 0{,}71^x$

(g) $f(x) = 3 \cdot 2^x$

(h) $f(x) = \frac{9}{2} \cdot 6^x$

(i) $f(x) = 5 \cdot \pi^x$

(j) $f(x) = 3^x(x^2 + 3x + 1)$

(k) $f(x) = x^3 4^x$

(l) $f(x) = \frac{2^x}{x}$

(m) $f(x) = \frac{5x}{3^x}$

(n) $f(x) = e^x$

(ñ) $f(x) = 3e^x$

(o) $f(x) = \frac{4e^x}{5}$

(p) $f(x) = \sqrt{5}e^x$

(q) $f(x) = e^x + 5^x + x^2 + 5x$

(r) $f(x) = e^x(x^2 + 5x)$

(s) $f(x) = xe^x$

(t) $f(x) = \frac{e^x}{x}$

(u) $f(x) = \frac{x}{e^x}$

(v) $f(x) = \frac{x^2+5}{e^x}$

(w) $f(x) = \frac{x^2}{e^x}$

2. Obtén la derivada de estas funciones.

   (a) $f(x) = e^{3x^3-5x+1}$

   (b) $f(x) = e^x \cdot (x^2 - 7x - 3)$

   (c) $f(x) = \dfrac{e^{x^3} + x^3}{x}$

   (d) $f(x) = \sqrt{x} \cdot e^x$

   (e) $f(x) = e^{x^2-5x+2}$

   (f) $f(x) = 2^{-2x^3+x^2-4}$

   (g) $f(x) = \sqrt{e^{5x-1}}$

3. Deriva:

(a) $f(x) = 7^{2x}$

(b) $f(x) = 2^{\sqrt{x}}$

(c) $f(x) = 3^{x^3-x}$

(d) $f(x) = 5^{2x^2}$

(e) $f(x) = 9^{\sqrt{x}+1}$

(f) $f(x) = 8^{x^4}$

(g) $f(x) = x^7 e^x$

(h) $f(x) = (x^2 - 2x + 2)e^x$

(i) $f(x) = (x-1)e^x$

(j) $f(x) = \dfrac{e^x}{x^2}$

(k) $f(x) = \dfrac{x^5}{e^x}$

(l) $f(x) = \sqrt{xe^x + x}$

(m) $f(x) = \sqrt[3]{2e^x - 2^x + 1}$

(n) $f(x) = 5e^{-x^2}$

(ñ) $f(x) = \dfrac{1}{5^{x^2}}$

(o) $f(x) = x^2 10^{2^x}$

(p) $f(x) = \sqrt{e^{ax}}$

(q) $f(x) = (2ma^{mx} + b)^p$

(r) $f(x) = x^n a^{-x^2}$

(s) $f(x) = \dfrac{x}{1 + e^{\frac{1}{x}}}$

(t) $f(x) = \dfrac{e^x + e^{-x}}{e^x - e^{-x}}$

(u) $f(x) = \sqrt[3]{x} e^{\sqrt{x}}$

(v) $f(x) = \dfrac{e^e - e^{-e}}{e^x - e^{-x}}$

(w) $f(x) = \dfrac{e^x}{\sqrt{x-1}}$

(x) $f(x) = \dfrac{e^x - e^{-x}}{2}$

(y) $f(x) = \left(x^2 + 3x + e^x - 1\right)^3$

(z) $f(x) = (2x^2 + 4x + 3e^x)^2$

2 Derivada de la función logarítmica.

La inversa de la función $f(x) = e^x$, es decir, la función logaritmo en base e, se representa por $g(x) = \ln x$ (se lee logaritmo natural o logaritmo neperiano de x). Como $(f \circ g)(x) = x$, entonces $e^{\ln x} = x$, y derivando ambos terminos usando la regla de la cadena, se obtiene:

$$\left(e^{\ln x}\right)(\ln x)' = 1 \text{ por lo que } (\ln x)' = \frac{1}{e^{\ln x}} = \frac{1}{x}$$

Así, si $f(x) = \ln x$ entonces $f'(x) = \frac{1}{x}$

La función $\log_a :]0, +\infty[\to \mathbb{R}$ es una función derivable en todo $x \in]0, +\infty[$ y, además,

$$\boxed{[\log_a f(x)]' = \frac{f'(x)}{f(x)} \log_a e \, dx}$$

En particular, si $a = e$, entonces, la función $\ln :]0, +\infty[\to \mathbb{R}$ es derivable y,

$$\boxed{[\ln f(x)]' = \frac{f'(x)}{f(x)} dx}$$

Ejercicio resuelto 2.1

Calcula la derivada de $F(x) = \ln |f(x)|$.

Como todos los valores absolutos, hay que definir dicha función a trozos:

$$F(x) = \begin{cases} \ln(-f(x)) & \text{si } f(x) < 0 \\ \ln f(x) & \text{si } f(x) > 0 \end{cases}$$

Entonces, su derivada es

$$F'(x) = \begin{cases} \dfrac{1}{-f(x)} \cdot (-f'(x)) = \dfrac{f'(x)}{f(x)} & \text{si } f(x) < 0 \\ \dfrac{1}{f(x)} \cdot f'(x) & \text{si } f(x) > 0 \end{cases}$$

Es decir, $F'(x) = \dfrac{f'(x)}{f(x)}$.

2.1. Derivación logarítmica.

Algunas derivadas se pueden calcular más facilmente aplicando los logaritmos y sus propiedades. Este es el caso de las funciones del tipo potencial-exponencial, $h(x) = f(x)^{g(x)}$, siendo $f(x) > 0$ y, por tanto, $h(x) > 0$. Para obtener su derivada se toman logaritmos y se procede como en el siguiente ejemplo.

Ejercicio resuelto 2.2

Deduce la derivada de la función logarítmica $f(x) = \log_a(x)$.

Como $a^{\log_a(x)} = x$, se deriva en ambos términos y se aplica la regla de la cadena para obtener $\ln a \cdot a^{\log_a(x)} \cdot (\log_a(x))' = 1$. Es decir, $\ln a \cdot x \cdot (\log_a(x))' = 1$, luego

$$(\log_a(x))' = \frac{1}{\ln a} \cdot \frac{1}{a}$$

Ejercicio resuelto 2.3

Demuestra que la derivada de la función $f(x) = x^a$, con a cualquier número real, es $f'(x) = ax^{a-1}$.

Aplicando logaritmos a la función se obtiene $\ln(f(x)) = \ln(x^a) = a \ln x$.
Derivando y aplicando la regla de la cadena en ambos términos se llega a:

$$\frac{f'(x)}{f(x)} = a \cdot \frac{1}{x} \text{ por lo que } f'(x) = a \cdot \frac{f(x)}{x} = a\frac{x^a}{x} = ax^{a-1}$$

Ejercicio resuelto 2.4

Calcula la derivada de $h(x) = (x^2+1)^{3x}$.

Aplicando logaritmos,
$$\ln(h(x)) = \ln(x^2+1)^{3x} = 3x \cdot \ln(x^2+1),$$

derivando:
$$\frac{h'(x)}{h(x)} = 3 \cdot \ln(x^2+1) + 3x\frac{2x}{x^2+1}$$

Por tanto:
$$h'(x) = \left[3 \cdot \ln(x^2+1) + 3x \cdot \frac{2x}{x^2+1}\right] \cdot h(x) = \left[3 \cdot \ln(x^2+1) + 3x \cdot \frac{2x}{x^2+1}\right] \cdot (x^2+1)^{3x}$$

Ejercicio resuelto 2.5

Calcula las derivadas de las funciones propuestas donde sea posible, indicando previamente de qué tipo de función se trata.

Observa que a veces, antes de derivar, es recomendable reescribir la función para facilitar el proceso.

1. $f(x) = \ln\left(\dfrac{3x^2-1}{x+5}\right) = \ln(3x^2-1) - \ln(x+5)$. Una resta de logaritmos: $f'(x) = \dfrac{6x}{3x^2-1} - \dfrac{1}{x+5}$

2. $f(x) = (\cos x)^{e^x}$. Hay que tomar logaritmos y emplear la derivación logarítmica: $\ln f(x) = e^x \cdot \ln \cos x$, que al derivar:

$$\dfrac{f'(x)}{f(x)} = e^x \ln \cos x + e^x \dfrac{-\sin x}{\cos x} = e^x(\ln \cos x - \tan x).$$

Despejando
$$f'(x) = f(x)e^x(\ln \cos x - \tan x) = (\cos x)^{e^x} \cdot e^x(\ln \cos x - \tan x)$$

Otra posibilidad para derivar una función elevada a otra es la siguiente: Dadas dos funciones f, g con las propiedades necesarias de derivabilidad, se tiene que $f(x)^{g(x)}$ es una función derivable y, además,

$$\left[[f(x)]^{g(x)}\right]' = \left(g(x)[f(x)]^{g(x)-1}f'(x) + [f(x)]^{g(x)} \ln f(x) g'(x)\right)$$

Ejercicios

4. Halla las siguientes derivadas con logaritmos

    (a) $f(x) = \ln x$

    (b) $f(x) = 5\ln x$

    (c) $f(x) = \dfrac{3}{5}\ln x$

    (d) $f(x) = \dfrac{-7}{4} \ln x$

    (e) $f(x) = 5\ln x + 4x^2 - 4$

    (f) $f(x) = \dfrac{4}{3}\ln x + 15x^2 + 3x$

    (g) $f(x) = -\dfrac{\ln x}{5} + 5x^3 - 9$

    (h) $f(x) = \ln(x^3 - 2x + 1)$

(i) $f(x) = e^x \cdot \ln x$

(j) $f(x) = \log_2(3x^2 - 1)$

(k) $f(x) = \ln(\sqrt{x^2 + e^x})$

(l) $f(x) = \sqrt{\ln x}$

(m) $f(x) = 5x \log_2 x$

(n) $f(x) = \log_2 x$

(ñ) $f(x) = 8 \log_3(x)$

(o) $f(x) = \frac{2}{5} \log_8(x)$

(p) $f(x) = \log x$

(q) $f(x) = 5 \log x$

(r) $f(x) = 4^x + \ln x - 7x^2 + 3x$

(s) $f(x) = 5^x \ln x$

(t) $f(x) = \frac{3 \ln x}{4^x}$

(u) $f(x) = 3e^x + \ln x + 5x$

(v) $f(x) = 2e^x + 4\ln x + \sqrt{x}$

(w) $f(x) = e^x + 9^x + \ln x + 6x$

(x) $f(x) = \frac{\ln x}{e^x}$

(y) $f(x) = \frac{x^2}{\ln x}$

5. Halla las siguientes derivadas con logaritmos

   (a) $f(x) = x^3 \ln x - \frac{x^3}{3}$

   (b) $f(x) = \frac{1}{x} + 2\ln x - \frac{\ln x}{x}$

   (c) $f(x) = \ln x \log x - \ln a \log_a x$

   (d) $f(x) = \ln(2x+7)$

   (e) $f(x) = \ln(1-x^2)$

   (f) $f(x) = \ln^2 x - \ln(\ln x)$

   (g) $f(x) = \sqrt{\ln(x+1)}$

   (h) $f(x) = \ln(\sqrt{x}+1)$

   (i) $f(x) = \ln(\sqrt{1+e^x}-1) - \ln(\sqrt{1+e^x}+1)$

(j) $f(x) = \ln(ax^2 + bx + c)$

(k) $f(x) = \ln(x + \sqrt{a^2 + x^2})$

(l) $f(x) = x - 2\sqrt{x} + 2\ln(1 + \sqrt{x})$

(m) $f(x) = \ln(a + x + \sqrt{2ax + x^2})$

(n) $f(x) = \dfrac{1}{\ln^2 x}$

(ñ) $f(x) = \ln \dfrac{(x-2)^5}{(x+1)^3}$

(o) $f(x) = \ln \dfrac{(x-1)^3(x-2)}{x-2}$

(p) $f(x) = \dfrac{x}{2}\sqrt{x^2 - a^2} - \dfrac{a^2}{2}\ln(x + \sqrt{x^2 - a^2})$

(q) $f(x) = \ln\ln(3 - 2x^3)$

(r) $f(x) = 5\ln^3(ax + b)$

(s) $f(x) = \ln \dfrac{\sqrt{x^2 + a^2} + x}{\sqrt{x^2 + a^2} - x}$

(t) $f(x) = \dfrac{m}{2}\ln(x^2 - a^2) + \dfrac{n}{2a}\ln\dfrac{x-a}{x+a}$

(u) $f(x) = \sqrt{x^2+1} - \ln\dfrac{1+\sqrt{x^2+1}}{x}$

(v) $f(x) = \dfrac{1}{3}\ln\left(\dfrac{x^2-2x+1}{x^2+x+1}\right)$

(w) $f(x) = \dfrac{1}{2}\ln(x+1) - \dfrac{1}{6}\ln(x^2-x+1)$

(x) $f(x) = \dfrac{1}{1+x+\ln x}$

(y) $f(x) = x\ln x$

(z) $f(x) = \ln(x+1+\sqrt{x^2+2x+1})$

6. Halla las siguientes derivadas con logaritmos

   (a) $f(x) = x\ln x - x$

   (b) $f(x) = \ln\left(\dfrac{x+1}{x-1}\right)$

   (c) $f(x) = \ln(x^2+4x-1)$

   (d) $f(x) = \ln(2^x - 3x)$

   (e) $f(x) = \log_5(x^4 - x^2)$

   (f) $f(x) = \dfrac{\ln x}{e^{-x}}$

(g) $f(x) = \ln^2(6x+4)$

7. Calcula mediante derivación logarítmica las derivadas de:

    (a) $f(x) = x^x$

    (b) $f(x) = x^{\ln x}$

    (c) $f(x) = (\sqrt{x})^{e^x}$

    (d) $f(x) = x^{x^2}$

    (e) $f(x) = x^{2x+1}$

    (f) $f(x) = x^{\sqrt{x}}$

    (g) $f(x) = (2x^2 - 4x)^{5-x}$

    (h) $f(x) = x^{3x}$

    (i) $f(x) = \left(1 + \dfrac{1}{x}\right)^x$

    (j) $f(x) = x^x$

    (k) $f(x) = x^{x^2}$

    (l) $f(x) = \sqrt[x]{x}$

(m) $f(x) = x^{\sqrt{x}}$

(n) $f(x) = (\ln x)^{\ln x}$

(ñ) $f(x) = (2x+1)^{\frac{x+3}{4}}$

(o) $f(x) = (x^2 - 3x)^{x^2}$

3 Derivadas de las funciones trigonométricas básicas.

3.1. Derivada del seno y del coseno.

Aplicando la definición de derivada a la función $f(x) = \sin x$:

$$f'(x) = \lim_{h \to 0} \frac{f(x+h) - f(x)}{h} = \lim_{h \to 0} \frac{\sin(x+h) - \sin x}{h} =$$

$$= \lim_{h \to 0} \frac{2 \cos \frac{x+h+x}{2} \sin \frac{x+h-x}{2}}{h} = \lim_{h \to 0} \frac{2 \cos \left(x + \frac{h}{2}\right) \sin \left(\frac{h}{2}\right)}{h} =$$

$$= \lim_{h \to 0} \frac{\cos \left(x + \frac{h}{2}\right) \sin \left(\frac{h}{2}\right)}{\frac{h}{2}} = \lim_{h \to 0} \cos \left(x + \frac{h}{2}\right) \frac{\sin \left(\frac{h}{2}\right)}{\frac{h}{2}}$$

El primer factor es $\cos x$, puesto que la función coseno es continua. El límite que aparece en el segundo factor se cálculo en la unidad 8, y es $\lim_{h \to 0} \dfrac{\sin \left(\frac{h}{2}\right)}{\frac{h}{2}} = 1$, si el ángulo viene expresado en radianes. De esta forma se obtiene: $f'(x) = \cos x \cdot 1 = \cos x$. La derivada de $y = \cos x$ se obtiene a partir del resultado anterior y de la relación entre las razones trigonométricas de ángulos complementarios:

$$\cos x = \sin \left(\frac{\pi}{2} - x\right)$$

Así, aplicando la regla de la cadena a la función $f(x) = \cos x = \sin \left(\frac{\pi}{2} - x\right)$, se obtiene

$$f'(x) = \cos \left(\frac{\pi}{2} - x\right) \cdot (-1) = -\cos \left(\frac{\pi}{2} - x\right) = -\sin x$$

Así, generalizando

$$\boxed{[\sin f(x)]' = \cos f(x) \cdot f'(x) dx}$$

$$\boxed{[\cos f(x)]' = -\sin f(x) \cdot f'(x) dx}$$

3.2. Derivada de la tangente.

Se puede calcular recordando que la tangente es el cociente entre el seno y el coseno: $f(x) = \tan x = \dfrac{\sin x}{\cos x}$:

$$f'(x) = \frac{\cos x \cdot \cos x - \sin x \cdot (-\sin x)}{\cos^2 x} = \frac{\cos^2 x + \sin^2 x}{\cos^2 x} = \frac{1}{\cos^2 x} = 1 + \tan^2 x$$

En resumen

$$[\tan f(x)]' = \frac{f'(x)}{\cos^2 f(x)}dx = (1 + \tan^2 f(x))f'(x)dx = \sec^2 f(x) \cdot f'(x)$$

Ejercicio resuelto 3.1

Calcula las derivadas de las funciones propuestas donde sea posible, indicando previamente de qué tipo de función se trata.

Observa que a veces, antes de derivar, es recomendable reescribir la función para facilitar el proceso.

1. $f(x) = 2^{\sin x}$. Una exponencial: $f'(x) = e^{\sin x} \cdot \cos X \cdot \ln 2 = \ln 2 \cdot 2^{\sin x} \cos x$

2. $f(x) = \tan(x^2 - 2x)$. Una tangente: $f'(x) = (1 + \tan^2(x^2 - 2x)) \cdot (2x - 2)$

3. $f(x) = \sqrt{\sin x}$. Una raíz cuadrada: $f'(x) = \dfrac{1}{2\sqrt{\sin x}} \cdot \cos x = \dfrac{\cos x}{2\sqrt{\sin x}}$

4. $f(x) = \sin^2 x$. Una potencia: $f'(x) = 2\sin x \cdot \cos x = \sin 2x$

Ejercicios

8. Obtén la derivada de las siguientes funciones con seno.

    (a) $f(x) = \sin x$

    (b) $f(x) = 5\sin x$

    (c) $f(x) = \dfrac{2\sin x}{7}$

    (d) $f(x) = -4\sin x$

    (e) $f(x) = 2\sin x + \ln x$

(f) $f(x) = 4e^x + 5^x + \sin x$

(g) $f(x) = 5x^2 - 4x + \sin x$

(h) $f(x) = e^x \sin x$

(i) $f(x) = \ln x \cdot \sin x$

(j) $f(x) = 5x^3 \sin x$

(k) $f(x) = \frac{\sin x}{x}$

(l) $f(x) = \frac{x}{\sin x}$

(m) $f(x) = \frac{\sin x}{e^x + 4}$

(n) $f(x) = \frac{\ln x}{\sin x}$

(ñ) $f(x) = \frac{\sin x}{\ln x}$

(o) $f(x) = \sin\left(x^2 + e^{2x}\right)$

(p) $f(x) = (3 - 2\sin x)^5$

(q) $f(x) = \sin x \sin(x + a)$

(r) $f(x) = x \sin 2^x$

(s) $f(x) = \log \sin x$

(t) $f(x) = \dfrac{1}{2}\sin(x^2)$

(u) $f(x) = \sin^2(x^3)$

(v) $f(x) = e^{\sin^2 x}$

(w) $f(x) = x\sin\left(\ln x - \dfrac{\pi}{4}\right)$

(x) $f(x) = \ln\left(\sin \dfrac{1-x^2}{1+x^2}\right)$

(y) $f(x) = \sqrt{\sin x^2}$

(z) $f(x) = x^2 \sin \dfrac{1}{x}$

9. Obtén la derivada de las siguientes funciones con seno.

   (a) $f(x) = \sin^2 x^2$

   (b) $f(x) = \sin(\sin x)$

   (c) $f(x) = \sqrt{\sin^3 8x}$

   (d) $f(x) = \sqrt{\sin^2 x + (x^2-1)^5}$

(e) $f(x) = \log_{10} x(\sin^2 x + 1)$

(f) $f(x) = \ln \sqrt{\dfrac{1+\sin x}{1-\sin x}}$

(g) $f(x) = 2^{\sin^2 x}$

(h) $f(x) = \sin x \sqrt{\ln x}$

(i) $f(x) = \sin 2x^3$

(j) $f(x) = \sqrt[3]{\sin^2 \dfrac{7}{x}}$

(k) $f(x) = \sin^3 2x^4$

(l) $f(x) = \dfrac{\sin^5 3x}{5} - \dfrac{\sin^7 3x}{7}$

(m) $f(x) = \ln \sqrt{\sin 2x}$

(n) $f(x) = \ln \sqrt{\dfrac{e^{3x+5}}{\sin \frac{\pi x}{3}}}$

(ñ) $f(x) = \ln(\sqrt{\sin 2x})$

(o) $f(x) = \sin(3x^2 - x)$

(p) $f(x) = \sin(\ln x + 3x)$

(q) $f(x) = \sin^3(x^2 - 4)$

(r) $f(x) = x^3 \cdot \sin(x^2)$

(s) $f(x) = e^{-x} \cdot \sin(x^3)$

(t) $f(x) = \sin(x^2 - 2x)$

(u) $f(x) = (\sin x)^{e^x}$

(v) $f(x) = (e^x)^{\sin x}$

(w) $f(x) = x \sin(3x - 2)$

(x) $f(x) = (x^2)^{\sin x}$

(y) $f(x) = \sin(x^{\sin x})$

(z) $f(x) = x^{\sin x}$

10. Obtén la derivada de las siguientes funciones con coseno.

   (a) $f(x) = \cos x$

   (b) $f(x) = 3\cos x$

   (c) $f(x) = \frac{7\cos x}{9}$

(d) $f(x) = -8\cos x$

(e) $f(x) = 4\cos x + 2\sin x$

(f) $f(x) = 4\cos x + e^{2x} + 3 \cdot 2^x$

(g) $f(x) = \cos x - \sin x + 4e^x + 3$

(h) $f(x) = \ln x \cdot \cos x$

(i) $f(x) = \cos x \cdot \sin x$

(j) $f(x) = 4^x \cos x$

(k) $f(x) = \frac{\cos x}{x}$

(l) $f(x) = \frac{x}{\cos x}$

(m) $f(x) = \frac{e^x}{\cos x}$

(n) $f(x) = \frac{\sin x}{\cos x}$

(ñ) $f(x) = \frac{\cos x}{\sin x}$

(o) $f(x) = 2x\sin x - (x^2 - 2)\cos x$

(p) $f(x) = 5\sin x + 3\cos x$

(q) $f(x) = \dfrac{\sin x + \cos x}{\sin x - \cos x}$

(r) $f(x) = e^x \cos x$

(s) $f(x) = 2x + 5\cos^3 x$

(t) $f(x) = -\dfrac{1}{20}\cos(5x^2) - \dfrac{1}{4}\cos x^2$

(u) $f(x) = -\dfrac{1}{6(1-3\cos x)^2}$

(v) $f(x) = \dfrac{1}{3\cos^3 x} - \dfrac{1}{\cos x}$

(w) $f(x) = \sqrt{\dfrac{3\sin x - 2\cos x}{5}}$

(x) $f(x) = \sqrt[3]{\sin^2 x} + \dfrac{1}{\cos^3 x}$

(y) $f(x) = \dfrac{1+\cos 2x}{1-\cos 2x}$

(z) $f(x) = \sin^3 5x \cos^2 \dfrac{x}{3}$

11. Obtén la derivada de las siguientes funciones con coseno.

   (a) $f(x) = \dfrac{1}{15}\cos^3 x(\cos^2 x - 5)$ \{}vspace\{1cm\}
   (b) $f(x) = \cos(ax+b)$

(c) $f(x) = 3\sin x \cos^2 x + \sin^3 x$

(d) $f(x) = \sqrt{a + \sin^2 x + b\cos^2 x}$

(e) $f(x) = \dfrac{(a + \sin bx - b\cos bx)e^{ax}}{a^2 + b^2}$

(f) $f(x) = \dfrac{1}{10} e^{-x}(3\sin 3x - \cos 3x)$

(g) $f(x) = \sqrt{\cos x} a^{\sqrt{\cos x}}$

(h) $f(x) = \ln \cos\left(\dfrac{x-1}{x}\right)$

(i) $f(x) = \sin^2 x + \cos^2 x$

(j) $f(x) = \sqrt{\cos^5 x^2}$

(k) $f(x) = \cos^2 \sqrt[3]{x + (3-x)^2}$

(l) $f(x) = \sin x \cos 2x$

(m) $f(x) = e^{ax} \cos bx$

(n) $f(x) = x \sin x + \cos x$

(ñ) $f(x) = \ln \dfrac{\sin x}{\cos x} + e^{2x}$

(o) $f(x) = \cos \dfrac{1}{x^2} - \sin \sqrt{x}$

(p) $f(x) = \dfrac{3}{5}\cos(5x-2)$

(q) $f(x) = \cos\left(\dfrac{x}{2}\right)^4$

(r) $f(x) = 4\cos^2\dfrac{x}{5} + 3\sin 5x$

(s) $f(x) = \dfrac{x+\sin x}{x+\cos x}$

(t) $f(x) = \ln\cos 2x$

(u) $f(x) = \cos(\sqrt{x}+4x^3-1)$

(v) $f(x) = \cos(\ln x + 5x)$

(w) $f(x) = \cos^5((x^5+1)^5)$

(x) $f(x) = e^{\sin^2 x} + e^{\cos^2 x}$

12. Obtén la derivada de las siguientes funciones con coseno.

   (a) $f(x) = -\ln(\cos x)$

   (b) $f(x) = 2\sin x \cos x$

   (c) $f(x) = \dfrac{\cos x}{e^x}$

(d) $f(x) = \sin\sqrt{\ln(\cos x)}$

(e) $f(x) = x^{\cos x}$

(f) $f(x) = (\sin x)^{\cos x}$

(g) $f(x) = (\cos ax)^x$

(h) $f(x) = (\cos x)^{\sin x}$

13. Escribe la expresión más simplificada de la derivada de la función $f(x) = \ln(\cos^2 x - \sin^2 x)$.

14. Obtén la derivada de las siguientes funciones con tangente

    (a) $f(x) = \tan^2 x$

    (b) $f(x) = 4\tan x$

    (c) $f(x) = \frac{5\tan x}{4}$

    (d) $f(x) = -3\tan x$

    (e) $f(x) = 2\tan x + \sin x + 2^x + 5$

    (f) $f(x) = 4x^3 + \cos x - 3\tan x + 4e^x + 1$

    (g) $f(x) = \tan x + 3\ln x$

(h) $f(x) = x^5 \tan x$

(i) $f(x) = e^x \tan x$

(j) $f(x) = x^2 \tan x$

(k) $f(x) = \frac{\tan x}{x}$

(l) $f(x) = \frac{e^x}{\tan x}$

(m) $f(x) = \tan x - \frac{1}{3}\tan^3 x + \frac{1}{5}\tan^5 x$

(n) $f(x) = \sin 3x + \cos \frac{x}{5} + \tan \sqrt{x}$

(ñ) $f(x) = \sin(x^2 - 5x + 1) + \tan \frac{a}{x}$

(o) $f(x) = \tan^2 5x$

(p) $f(x) = \frac{1}{3}\tan^3 x - \tan x + x$

(q) $f(x) = -\frac{1}{2\sin^2 x} + \ln \tan x$

(r) $f(x) = \tan^2 x$

(s) $f(x) = \sqrt{\tan x^2}$

(t) $f(x) = e^x \tan x$

(u) $f(x) = \tan^2 \dfrac{x}{2}$

(v) $f(x) = (1 - \sin x) \tan x$

(w) $f(x) = x^{\tan x}$

15. Obtén la derivada de las siguientes funciones con tangente

    (a) $f(x) = \sqrt{e^2 \tan x}$

    (b) $f(x) = \sqrt[3]{\tan ax}$

    (c) $f(x) = \dfrac{1}{3} \tan^3 3x - \tan x + x$

    (d) $f(x) = \dfrac{1 + 2\tan x}{x^3}$

    (e) $f(x) = \tan(2x^2 + x)$

    (f) $f(x) = \tan(\sin x)$

    (g) $f(x) = x^2 \tan(x^2)$

    (h) $f(x) = \ln(\tan x)$

    (i) $f(x) = \sqrt{\tan(\ln x)}$

4 Funciones trigonométricas inversas

La función $\csc: \mathbb{R}\setminus\{k\pi : k \in \mathbb{Z}\} \to \mathbb{R}$ es derivable en $\mathbb{R}\setminus\{k\pi : k \in \mathbb{Z}\}$, ya que $\csc(x) = \dfrac{1}{\sin(x)}$ y $\sin(x) = 0$ si y sólo si $x \in \mathbb{R}\setminus\{k\pi : k \in \mathbb{Z}\}$. Además,

$$[\csc f(x)]' = -\csc f(x) \cot f(x) \cdot f'(x)dx = \frac{-\cos f(x)}{\sin^2 f(x)} f'(x)dx$$

La función $\sec: \mathbb{R}\setminus\{\frac{\pi}{2} + k\pi : k \in \mathbb{Z}\} \to \mathbb{R}$ es derivable en $\mathbb{R}\setminus\{\frac{\pi}{2} + k\pi : k \in \mathbb{Z}\}$, ya que $\sec(x) = \dfrac{1}{\cos(x)}$ y $\cos(x) = 0$ si y sólo si $x \in \mathbb{R}\setminus\{\frac{\pi}{2} + k\pi : k \in \mathbb{Z}\}$. Además,

$$[\sec f(x)]' = \sec f(x) \cdot \tan f(x) \cdot f'(x)dx = \frac{\sin f(x)}{\cos^2 f(x)} f'(x)dx$$

La función $\cot: \mathbb{R}\setminus\{k\pi : k \in \mathbb{Z}\} \to \mathbb{R}$ es derivable en $\mathbb{R}\setminus\{k\pi : k \in \mathbb{Z}\}$, ya que $\cot(x) = \dfrac{\cos(x)}{\sin(x)}$ y $\sin(x) = 0$ si y sólo si $x \in \mathbb{R}\setminus\{k\pi : k \in \mathbb{Z}\}$. Además,

$$[\cot f(x)]' = \frac{-f'(x)}{\sin^2 f(x)} dx = -(1 + \cot^2 f(x))f'(x)dx = -\csc^2 f(x) \cdot f'(x)dx$$

Ejercicios

16. Deriva las siguientes funciones:

    (1) $f(x) = \cot^9 x^2$

    (2) $f(x) = \sec^2 x^2$

    (3) $f(x) = \cot(\ln x)$

    (4) $f(x) = x \cot x$

    (5) $f(x) = a \cot \dfrac{x}{a}$

(6) $f(x) = \cos\sec^2 x + \sec^2 x$

(7) $f(x) = \sqrt{\cot x} - \sqrt{\cot a}$

(8) $f(x) = \tan x - \cot x$

(9) $f(x) = 3^{\cot \frac{1}{x}}$

5 Funciones arco

La función $\arcsin : [-1, 1] \to \mathbb{R}$ es una función derivable y que cumple que

$$[\arcsin f(x)]' = \frac{f'(x)dx}{\sqrt{1 - f^2(x)}}$$

La función $\arccos : [-1, 1] \to \mathbb{R}$ es una función derivable y que cumple que

$$[\arccos f(x)]' = \frac{-f'(x)dx}{\sqrt{1 - f^2(x)}}$$

La función $\arctan :]-\infty, +\infty[\to \mathbb{R}$ es una función derivable y que cumple que

$$[\arctan f(x)]' = \frac{f'(x)dx}{1 + f^2(x)}$$

La función $\text{arccot} :]-\infty, +\infty[\to \mathbb{R}$ es una función derivable y que cumple que

$$[\text{arccot} f(x)]' = \frac{-f'(x)}{1 + f^2(x)}$$

La función $\text{arcsec} :]-\infty, +\infty[\to \mathbb{R}$ es una función derivable y que cumple que

$$[\text{arcsec} f(x)]' = \frac{f'(x)dx}{f(x)\sqrt{f^2(x) - 1}}$$

La función $\arccos: [-1,1] \to \mathbb{R}$ es una función derivable y que cumple que

$$[\operatorname{arccsc} f(x)]' = \frac{-f'(x)dx}{f(x)\sqrt{f^2(x)-1}}$$

Ejercicio resuelto 5.1

Calcula la derivada de la función $f(x) = \arctan\left(\dfrac{1+x}{1-x}\right) - \arctan x$.

Una resta de arco tangentes:

$$f'(x) = \frac{1}{1+\left(\dfrac{1+x}{1-x}\right)^2} \cdot \frac{1-x-(1+x)\cdot(-1)}{(1-x)^2} - \frac{1}{1+x^2} =$$

$$= \frac{2}{(1-x)^2+(1+x)^2} - \frac{1}{1+x^2} = \frac{2}{2+2x^2} - \frac{1}{1+x^2} =$$

$$= \frac{1}{1+x^2} - \frac{1}{1+x^2} = 0$$

Ejercicios

17. Deriva las siguientes funciones:

    (a) $f(x) = \arctan \dfrac{x}{\sqrt{1-x^2}}$

    (b) $f(x) = \dfrac{1}{\arccos\sqrt{x}}$

    (c) $f(x) = \arctan(e^{5x})$

    (d) $f(x) = 2^{\arcsin(\ln x)}$

    (e) $f(x) = \arccos(\tan(\sin x))$

    (f) $f(x) = 2x\arctan 2x - \ln\sqrt{1+4x^2}$

(g) $f(x) = \sin(\arctan(\ln x))$

(h) $f(x) = \arcsin e^x$

(i) $f(x) = \arccos(2x - \sqrt{x})$

(j) $f(x) = \arcsin(x - e^{-x})$

(k) $f(x) = \arcsin\left(\dfrac{x}{x+1}\right)$

(l) $f(x) = \arccos(1 - \ln x)$

(m) $f(x) = \arctan(3x - 1)$

(n) $f(x) = \arctan\sqrt{\dfrac{1+x}{1-x}}$

(ñ) $f(x) = \arctan x + \operatorname{arccot} x$

(o) $f(x) = x \arcsin x$

(p) $f(x) = \dfrac{(1+x^2)\arctan x - x}{2}$

(q) $f(x) = e^x \arcsin x$

(r) $f(x) = \sqrt{1 + \arcsin x}$

(s) $f(x) = \dfrac{1}{\arctan x}$

(t) $f(x) = \arcsin 2x$

18. Deriva las siguientes funciones:

    (a) $f(x) = \arcsin \dfrac{1}{x^2}$

    (b) $f(x) = \arccos \sqrt{x}$

    (c) $f(x) = \text{arccot} \dfrac{1+x}{1-x}$

    (d) $f(x) = \arctan \dfrac{1}{x}$

    (e) $f(x) = \arccos e^x$

    (f) $f(x) = \arcsin x^2 + \arccos x^2$

    (g) $f(x) = \dfrac{1}{2}(\arcsin x)^2 \arccos x$

    (h) $f(x) = \arcsin \dfrac{x^2 - 1}{x^2}$

    (i) $f(x) = \arcsin \dfrac{x}{\sqrt{1+x^2}}$

    (j) $f(x) = \dfrac{\arccos x}{\sqrt{1-x^2}}$

(k) $f(x) = \dfrac{1}{\sqrt{b}} \arcsin\left(x\sqrt{\dfrac{b}{a}}\right)$

(l) $f(x) = \sqrt{a^2 - x^2} + a \arcsin \dfrac{x}{a}$

(m) $f(x) = x\sqrt{a^2 - x^2} + a^2 \arcsin \dfrac{x}{a}$

(n) $f(x) = \arcsin(1-x) + \sqrt{2x - x^2}$

(ñ) $f(x) = \left(x - \dfrac{1}{2}\right)\arcsin\sqrt{x} + \dfrac{1}{2}\sqrt{x - x^2}$

(o) $f(x) = \ln(\arcsin 5x)$

(p) $f(x) = \arcsin(\ln x)$

(q) $f(x) = \arctan \dfrac{x \sin a}{1 - x \cos a}$

(r) $f(x) = \dfrac{2}{3} \arctan \dfrac{5 \tan \frac{x}{2} + 4}{3}$

(s) $f(x) = 3b^2 \arctan \sqrt{\dfrac{x}{b-x}}$

(t) $f(x) = -\sqrt{2} \operatorname{arccot} \dfrac{\tan x}{\sqrt{2}} - x$

(u) $f(x) = (\arctan x)^x$

(v) $f(x) = \arctan \dfrac{\sin^5 \ln \sqrt{\cos \frac{\sqrt{2}}{3}}}{\tan \sec \sqrt{2}}$

(w) $f(x) = \arctan \ln x$

19. Deriva las siguientes funciones:

    (a) $f(x) = \ln \arcsin x + \dfrac{1}{2} \ln^2 x + \arcsin \ln x$

    (b) $f(x) = \dfrac{\sqrt{2}}{3} \arctan \dfrac{x}{\sqrt{2}} + \dfrac{1}{6} \ln \dfrac{x-1}{x+1}$

    (c) $f(x) = \arctan \ln \dfrac{1}{x}$

    (d) $f(x) = \ln \dfrac{1+\sqrt{\sin x}}{1-\sqrt{\sin x}} + 2 \arctan \sqrt{\sin x}$

    (e) $f(x) = \dfrac{x \arcsin x}{\sqrt{1-x^2}} - \ln \sqrt{1-x^2}$

    (f) $f(x) = \dfrac{3}{4} \ln \dfrac{x^2+1}{x^2-1} + \dfrac{1}{4} \ln \dfrac{x-1}{x+1} + \dfrac{1}{2} \arctan x$

    (g) $f(x) = \arcsin \dfrac{a^2-x^2}{a^2+x^2}$

    (h) $f(x) = \arctan \left(\dfrac{\sqrt{1+x^2}-1}{x} \right)$

    (i) $f(x) = \arcsin(2x\sqrt{1-x^2})$

6 Derivada de la función recíproca o inversa.

Se sabe que si dos funciones, f y g, son una la inversa o recíproca de la otra, es decir si $(f \circ g)(x) = x$ y $(g \circ f)(x) = x$, entonces sus gráficas son simétricas respecto de la bisectriz del primer cuadrante. Entonces si $f(x)$ admite tangente no horizontal en el punto $P(a, f(a))$, su inversa $g(x)$ admitirá tangente no vertical en el punto $Q(f(a), a)$; es decir si $f'(a) \neq 0$ entonces existira $g'(f(a))$.

Para calcular la derivada de g, inversa de f, se puede aplicar la regla de la cadena.

Ejercicio resuelto 6.1

Calcula la derivada de la función $g(x) = \sqrt[3]{x}$.

Se halla primero la inversa de $y = \sqrt[3]{x}$, que será $y = x^3$, ya que $\left(\sqrt[3]{x}\right)^3 = x$.

En esta última expresión se derivan los dos miembros de la igualdad, aplicando la regla de la cadena al derivar la función de la izquierda. De esta forma se obtiene la igualdad $3\left(\sqrt[3]{x}\right)^2 \cdot \left(\sqrt[3]{x}\right)' = 1$, y despejando se deduce que $\left(\sqrt[3]{x}\right)' = \dfrac{1}{3\left(\sqrt[3]{x}\right)^2}$.

Si f y f^{-1} existen y son derivables, entonces, al ser $(f \circ f^{-1})(x) = x$, se obtiene al derivar: $f'(f^{-1}(x)) \cdot (f^{-1})'(x) = 1$, por lo que

$$\left(f^{-1}\right)'(x) = \dfrac{1}{f'(f^{-1}(x))}$$

Ejercicio resuelto 6.2

Deduce la derivada de la función $f(x) = \sqrt[3]{x^2}$. Generalízala para $\sqrt[n]{x^2}$.

Se observa que $\left(\sqrt[3]{x^2}\right)^3 = x^2$, y ahora, derivando en ambos miembros de la igualdad, se obtiene: $3\left(\sqrt[3]{x^2}\right)^2 \cdot \left(\sqrt[3]{x^2}\right)' = 2x$, por lo que

$$\left(\sqrt[3]{x^2}\right)' = \dfrac{2x}{3\left(\sqrt[3]{x^2}\right)^2} = \dfrac{2x}{3x^{\frac{4}{3}}} = \dfrac{2}{3x^{\frac{1}{3}}} = \dfrac{2}{3\sqrt[3]{x}}$$

Se procede de forma similar para el caso general y tenemos que $n\left(\sqrt[n]{x^2}\right)^{n-1} \cdot \left(\sqrt[n]{x^2}\right)' = 2x$, por lo que

$$\left(\sqrt[n]{x^2}\right)' = \dfrac{2x}{n\left(\sqrt[n]{x^2}\right)^{n-1}} = \dfrac{2x}{nx^{\frac{2n-2}{n}}} = \dfrac{2}{3x^{\frac{n-2}{n}}}$$

Ejercicio resuelto 6.3

Calcula la derivada en el punto $x = 2$ de la inversa de la función $f(x) = x^5 + x$.

Para la función f, resulta imposible obtener una expresión explícita para su inversa, g. Hay que

calcular $g'(2)$. Como $(g \circ f)(x) = x$, es decir, $g(x^5 + x) = x$, derivando esta expresión y aplicando la regla de la cadena, se tiene $g'(x^5 + x) \cdot (5x^4 + 1) = 1$.
Si $x^5 + x = 2$, entonces $x = 1$, de donde $g'(2) \cdot 6 = 1$, luego $g'(2) = \frac{1}{6}$.

Ejercicios

20. Comprueba, utilizando la derivada de la función inversa, que la derivada de la función $f(x) = \sqrt{x}$ es la que ya conoces.

21. Halla la derivada de la inversa de la función $f(x) = x + \sqrt{x+5}$ en el punto $x = -3$.

22. Calcula la derivada en $x = 11$ de la inversa de la función $f(x) = x^3 + x + 1$.

23. Calcula la ecuación de la tangente a la curva $y = \sqrt[5]{x}$ en el punto de abscisa 32, previa deducción de la derivada de dicha función.

24. Halla la derivada de la inversa de la función $f(x) = x^2 + \sqrt{x}$ en el punto $x = 2$.

25. Si $f(x) = \frac{1}{1+x^2}$ calcula la derivada de:

    (a) La inversa de f

    (b) $(f(x))^{\frac{2}{3}}$

    (c) $f(f(x))$

    (d) $g(x) = \frac{1}{(f(x))^2}$

Soluciones

1. (a) $f'(x) = 3\ln(2) \cdot 8^x$
   (b) $f'(x) = \ln(5) \cdot 5^x$
   (c) $f'(x) = \ln\left(\frac{3}{5}\right)\left(\frac{3}{5}\right)^x$
   (d) $f'(x) = -\ln(2)\left(\frac{1}{2}\right)^x$
   (e) $f'(x) = 0,32^x \ln 0,32$
   (f) $f'(x) = 0,71^x \ln 0,71$
   (g) $f'(x) = 3\ln(2) \cdot 2^x$
   (h) $f'(x) = \ln(6) \cdot 2^{x-1} \cdot 3^{2+x}$
   (i) $f'(x) = 5\ln(\pi)\pi^x$
   (j) $f'(x) = \ln(3) \cdot 3^x (x^2+3x+1) + (2x+3) \cdot 3^x$
   (k) $f'(x) = 3x^2 \cdot 4^x + \ln(2) \cdot 2^{2x+1} x^3$
   (l) $f'(x) = \frac{\ln(2) \cdot 2^x x - 2^x}{x^2}$
   (m) $f'(x) = \frac{5(-\ln(3)x+1)}{3^x}$
   (n) $f'(x) = e^x$
   (ñ) $f'(x) = 3e^x$
   (o) $f'(x) = \frac{4e^x}{5}$
   (p) $f'(x) = \sqrt{5}e^x$
   (q) $f'(x) = e^x + \ln(5) \cdot 5^x + 2x + 5$
   (r) $f'(x) = e^x x^2 + 7e^x x + 5e^x$
   (s) $f'(x) = e^x + e^x x$
   (t) $f'(x) = \frac{e^x x - e^x}{x^2}$
   (u) $f'(x) = \frac{-x+1}{e^x}$
   (v) $f'(x) = \frac{-x^2+2x-5}{e^x}$
   (w) $f'(x) = \frac{x(-x+2)}{e^x}$

2. (a) $f'(x) = e^{3x^3-5x+1}(9x^2-5)$
   (b) $f'(x) = e^x x^2 - 5e^x x - 10e^x$
   (c) $f'(x) = \frac{3e^{x^3}x^3 + 2x^3 - e^{x^3}}{x^2}$
   (d) $f'(x) = \frac{e^x}{2\sqrt{x}} + e^x\sqrt{x}$
   (e) $f'(x) = e^{x^2-5x+2}(2x-5)$
   (f) $f'(x) = \ln(2) \cdot 2^{-2x^3+x^2-4}(-6x^2+2x)$
   (g) $f'(x) = \frac{5e^{\frac{5x-1}{2}}}{2}$

3. (a) $f'(x) = 2\ln(7) \cdot 49^x$
   (b) $f'(x) = \frac{\ln(2) \cdot 2^{\sqrt{x}-1}}{\sqrt{x}}$
   (c) $f'(x) = \ln(3) \cdot 3^{x^3-x}(3x^2-1)$
   (d) $f'(x) = 4\ln(5) \cdot 25^{x^2} x$
   (e) $f'(x) = \frac{\ln(3) \cdot 9^{\sqrt{x}+1}}{\sqrt{x}}$
   (f) $f'(x) = 3\ln(2) \cdot 2^{3x^4+2}x^3$
   (g) $f'(x) = 7x^6 e^x + e^x x^7$
   (h) $f'(x) = e^x x^2$
   (i) $f'(x) = e^x x$
   (j) $f'(x) = \frac{e^x(x-2)}{x^3}$
   (k) $f'(x) = \frac{x^4(-x+5)}{e^x}$
   (l) $f'(x) = \frac{e^x + e^x x + 1}{2\sqrt{e^x x + x}}$
   (m) $f'(x) = \frac{2e^x - \ln(2) \cdot 2^x}{3(2e^x - 2^x + 1)^{\frac{2}{3}}} x$
   (n) $f'(x) = -10e^{-x^2}x$
   (ñ) $f'(x) = -2\ln(5) \cdot 5^{-x^2} x$
   (o) $f'(x) = 5^{2x} \cdot 2^{1+2^x} x + \ln(2)\ln(10) \cdot 5^{2x} \cdot 2^{2^x+x} x^2$
   (p) $f'(x) = \frac{ae^{\frac{ax}{2}}}{2}$
   (q) $f'(x) = p(2ma^{mx}+b)^{p-1} 2m^2 a^{mx} \ln a$
   (r) $f'(x) = na^{-x^2} x^{n-1} - 2a^{-x^2} x^{1+n} \ln(a)$
   (s) $f'(x) = \frac{x + e^{\frac{1}{x}} x + e^{\frac{1}{x}}}{x\left(1+e^{\frac{1}{x}}\right)^2}$
   (t) $f'(x) = \frac{e^x + e^{-x}}{e^x - e^{-x}}$
   (u) $f'(x) = \frac{e^{\sqrt{x}}}{3x^{\frac{2}{3}}} + \frac{e^{\sqrt{x}}}{2x^{\frac{1}{6}}}$
   (v) $f'(x) = -\frac{(e^{2e}-1)e^{-x-e}(e^{2x}+1)}{(e^x - e^{-x})^2}$
   (w) $f'(x) = \frac{2e^x x - 3e^x}{2(x-1)\sqrt{x-1}}$
   (x) $f'(x) = \frac{1}{2}(e^x + e^{-x})$
   (y) $f'(x) = 3(x^2+3x+e^x-1)^2 (e^x+2x+3)$
   (z) $f'(x) = 2(2x^2+4x+3e^x)(4x+4+3e^x)$

4.

(a) $f'(x) = \frac{1}{x}$

(b) $f'(x) = \frac{5}{x}$

(c) $f'(x) = \frac{3}{5x}$

(d) $f'(x) = \frac{-7}{4x}$

(e) $f'(x) = 8x + \frac{5}{x}$

(f) $f'(x) = \frac{4}{3x} + 30x + 3$

(g) $f'(x) = 15x^2 - \frac{1}{5x}$

(h) $f'(x) = \frac{3x^2-2}{x^3-2x+1}$

(i) $f'(x) = e^x \ln(x) + \frac{e^x}{x}$

(j) $f'(x) = \frac{6x}{\ln(2)(3x^2-1)}$

(k) $f'(x) = \frac{2x+e^x}{2(x^2+e^x)}$

(l) $f'(x) = \frac{1}{2x\sqrt{\ln(x)}}$

(m) $f'(x) = 5\left(\log_2(x) + \frac{1}{\ln(2)}\right)$

(n) $f'(x) = \frac{1}{x\ln(2)}$

(ñ) $f'(x) = \frac{8}{\ln(3)x}$

(o) $f'(x) = \frac{2}{15\ln(2)x}$

(p) $f'(x) = \frac{1}{x\ln(10)}$

(q) $f'(x) = \frac{5}{\ln(10)x}$

(r) $f'(x) = \ln(2) \cdot 2^{2x+1} + \frac{1}{x} - 14x + 3$

(s) $f'(x) = \ln(5) \cdot 5^x \ln(x) + \frac{5^x}{x}$

(t) $f'(x) = \frac{3(4^x - \ln(2) \cdot 2^{2x+1} x \ln(x))}{16^x x}$

(u) $f'(x) = 3e^x + \frac{1}{x} + 5$

(v) $f'(x) = \frac{4e^x x + \sqrt{x} + 8}{2x}$

(w) $f'(x) = e^x + 2\ln(3) \cdot 9^x + \frac{1}{x} + 6$

(x) $f'(x) = \frac{-x\ln(x)+1}{e^x x}$

(y) $f'(x) = \frac{2x\ln(x) - x}{\ln^2(x)}$

5. (a) $f'(x) = 3x^2 \ln(x)$

(b) $f'(x) = \frac{\ln(x)-2}{x^2} + \frac{2}{x}$

(c) $f'(x) = \frac{2\ln(x) - \ln(10)}{\ln(10)x}$

(d) $f'(x) = \frac{2}{2x+7}$

(e) $f'(x) = \ln(1-x^2)$

(f) $f'(x) = \frac{2\ln(x)}{x} - \frac{1}{x\ln(x)}$

(g) $f'(x) = \frac{1}{2\sqrt{\ln(x+1)}(x+1)}$

(h) $f'(x) = \frac{1}{2\sqrt{x}(\sqrt{x}+1)}$

(i) $f'(x) = \frac{1}{\sqrt{e^x+1}}$

(j) $f'(x) = \frac{2ax+b}{ax^2+bx+c}$

(k) $f'(x) = \frac{1}{\sqrt{a^2+x^2}}$

(l) $f'(x) = -\frac{1}{\sqrt{x+1}} + 1$

(m) $f'(x) = \frac{1}{\sqrt{x^2+2ax}}$

(n) $f'(x) = -\frac{2}{x\ln^3(x)}$

(ñ) $f'(x) = \frac{2x+11}{(x-2)(x+1)}$

(o) $f'(x) = \frac{3}{x-1}$

(p) $f'(x) = \sqrt{x^2-a^2}$

(q) $f'(x) = \frac{6x^2}{\ln(3-2x^3)(3-2x^3)}$

(r) $f'(x) = \frac{15a\ln^2(ax+b)}{ax+b}$

(s) $f'(x) = \frac{2}{\sqrt{a^2+x^2}}$

(t) $f'(x) = \frac{mx+n}{(a+x)(x-a)}$

(u) $f'(x) = \frac{\sqrt{x^2+1}}{x}$

(v) $f'(x) = \frac{x+1}{(x-1)(x^2+x+1)}$

(w) $f'(x) = \frac{x^2-4x+4}{6(x+1)(x^2-x+1)}$

(x) $f'(x) = -\frac{1+x}{x(1+x+\ln(x))^2}$

(y) $f'(x) = \ln(x) + 1$

(z) $f'(x) = \frac{1}{x+1}$

6. (a) $f'(x) = \ln(x)$

(b) $f'(x) = -\frac{2}{(x+1)(x-1)}$

(c) $f'(x) = \frac{2x+4}{x^2+4x-1}$

(d) $f'(x) = \frac{\ln(2) \cdot 2^x - 3}{2^x - 3x}$

(e) $f'(x) = \frac{2(2x^2-1)}{\ln(5)x(x^2-1)}$

(f) $f'(x) = \frac{e^x(x\ln(x)+1)}{x}$

(g) $f'(x) = \frac{6\ln(6x+4)}{3x+2}$

7.

(a) $f'(x) = x^x (\ln(x) + 1)$

(b) $f'(x) = \frac{2e^{\ln^2(x)} \ln(x)}{x}$

(c) $f'(x) = (\sqrt{x})^{e^x} \left(e^x \ln(\sqrt{x}) + \frac{e^x}{2x}\right)$

(d) $f'(x) = x^{x^2}(2x\ln(x) + x)$

(e) $f'(x) = x^{2x+1}\left(2\ln(x) + \frac{2x+1}{x}\right)$

(f) $f'(x) = \frac{x^{\frac{2\sqrt{x}-1}{2}}(\ln(x)+2)}{2}$

(g) $f'(x) = \left(-\ln(2x^2 - 4x) + \frac{2(x-1)(5-x)}{x(x-2)}\right)(2x^2 - 4x)^{5-x}$

(h) $f'(x) = 3x^{3x}(\ln(x) + 1)$

(i) $f'(x) = \left(\ln\left(1+\frac{1}{x}\right) - \frac{1}{x+1}\right)\left(1+\frac{1}{x}\right)^x$

(j) $f'(x) = x^x(\ln(x) + 1)$

(k) $f'(x) = x^{x^2}(2x\ln(x) + x)$

(l) $f'(x) = x^{\frac{1-2x}{x}}(-\ln(x) + 1)$

(m) $f'(x) = \frac{x^{\frac{2\sqrt{x}-1}{2}}(\ln(x)+2)}{2}$

(n) $f'(x) = x^{\ln(\ln(x))-1}(\ln(\ln(x)) + 1)$

(ñ) $f'(x) = \frac{1}{4}e^{\frac{\ln(2x+1)(x+3)}{4}}\left(\ln(2x+1) + \frac{2(x+3)}{2x+1}\right)$

(o) $f'(x) = \left(2x\ln(x^2 - 3x) + \frac{x(2x-3)}{x-3}\right)(x^2 - 3x)^{x^2}$

8. (a) $f'(x) = \cos x$

(b) $f'(x) = 5\cos x$

(c) $f'(x) = \frac{2\cos x}{7}$

(d) $f'(x) = -4\cos x$

(e) $f'(x) = 2\cos(x) + \frac{1}{x}$

(f) $f'(x) = 4e^x + \ln(5) \cdot 5^x + \cos(x)$

(g) $f'(x) = 10x - 4 + \cos(x)$

(h) $f'(x) = e^x \sin(x) + \cos(x)e^x$

(i) $f'(x) = \frac{\sin(x)}{x} + \cos(x)\ln(x)$

(j) $f'(x) = 5\left(3x^2 \sin(x) + \cos(x)x^3\right)$

(k) $f'(x) = \frac{x\cos(x) - \sin(x)}{x^2}$

(l) $f'(x) = \csc(x)(1 - x\cot(x))$

(m) $f'(x) = \frac{\cos(x)(e^x+4) - e^x\sin(x)}{(e^x+4)^2}$

(n) $f'(x) = \frac{\csc(x)}{x} - \csc^2(x)\cos(x)\ln(x)$

(ñ) $f'(x) = \frac{-\sin(x) + x\cos(x)\ln(x)}{x\ln^2(x)}$

(o) $f'(x) = \cos(x^2 + e^{2x})(2x + e^{2x} \cdot 2)$

(p) $f'(x) = -10\cos(x)(3 - 2\sin(x))^4$

(q) $f'(x) = \cos(x)\sin(x+a) + \cos(a+x)\sin(x)$

(r) $f'(x) = \sin(2^x) + \ln(2) \cdot 2^x x \cos(2^x)$

(s) $f'(x) = \frac{\csc(x)\cos(x)}{\ln(10)}$

(t) $f'(x) = x\cos(x^2)$

(u) $f'(x) = 3x^2 \sin(2x^3)$

(v) $f'(x) = e^{\sin^2(x)} \sin(2x)$

(w) $f'(x) = \sqrt{2}\sin(\ln(x))$

(x) $f'(x) = -\frac{4x\cos\left(\frac{1-x^2}{1+x^2}\right)}{\sin\left(\frac{1-x^2}{1+x^2}\right)(1+x^2)^2}$

(y) $f'(x) = x\cot(x^2)\sqrt{\sin(x^2)}$

(z) $f'(x) = -\cos\left(\frac{1}{x}\right) + 2x\sin\left(\frac{1}{x}\right)$

9. (a) $f'(x) = 2x\sin(2x^2)$

(b) $f'(x) = \cos(\sin(x))\cos(x)$

(c) $f'(x) = \frac{12\sin^2(8x)\cos(8x)}{\sqrt{\sin^3(8x)}}$

(d) $f'(x) = \frac{\sin(2x) + 10x(x^2-1)^4}{2\sqrt{\sin^2(x)+(x^2-1)^5}}$

(e) $f'(x) = \frac{\sin^2(x) + 1 + x\sin(2x)\ln(x)}{\ln(10)x}$

(f) $f'(x) = \sec(x)$

(g) $f'(x) = \ln(2) \cdot 2^{\sin^2(x)} \sin(2x)$

(h) $f'(x) = \cos(x)\sqrt{\ln(x)} + \frac{\sin(x)}{2x\sqrt{\ln(x)}}$

(i) $f'(x) = \cos(2x^3) \cdot 6x^2$

(j) $f'(x) = \frac{7\sin\left(\frac{14}{x}\right)}{3x^2\left(\sin^2\left(\frac{7}{x}\right)\right)^{\frac{2}{3}}}$

(k) $f'(x) = 24x^3 \sin^2(2x^4)\cos(2x^4)$

(l) $f'(x) = 3\sin^4(3x)\cos(3x) - 3\sin^6(3x)\cos(3x)$

(m) $f'(x) = \cot(2x)$

(n) $f'(x) = \frac{3\sin\left(\frac{\pi x}{3}\right) - \frac{\pi}{3}\cos\left(\frac{\pi x}{3}\right)}{2\sin\left(\frac{\pi x}{3}\right)}$

(ñ) $f'(x) = \cot(2x)$

(o) $f'(x) = \cos(3x^2 - x)(6x - 1)$

(p) $f'(x) = \cos(\ln(x) + 3x)\left(\frac{1}{x} + 3\right)$

(q) $f'(x) = 6x\sin^2(x^2 - 4)\cos(x^2 - 4)$

(r) $f'(x) = x^3 \cdot \sin(x^2)$

(s) $f'(x) = -e^{-x}\sin(x^3) + 3e^{-x}x^2\cos(x^3)$

(t) $f'(x) = \cos(x^2 - 2x)(2x - 2)$

(u) $f'(x) = \sin^{e^x}(x)(e^x \ln(\sin(x)) + e^x \cot(x))$

(v) $f'(x) = e^{x\sin(x)}(\sin(x) + x\cos(x))$

(w) $f'(x) = \sin(3x-2) + 3x\cos(3x-2)$

(x) $f'(x) = (x^2)^{\sin(x)}\left(\cos(x)\ln(x^2) + \frac{2\sin(x)}{x}\right)$

(y) $f'(x) = \cos\left(x^{\sin(x)}\right)x^{\sin(x)}\left(\frac{\sin(x)}{x} + \cos(x)\ln(x)\right)$

(z) $f'(x) = x^{\sin(x)}\left(\frac{\sin(x)}{x} + \cos(x)\ln(x)\right)$

10. (a) $f'(x) = -\sin x$

(b) $f'(x) = -3\sin(x)$

(c) $f'(x) = -\frac{7}{9}\sin(x)$

(d) $f'(x) = 8\sin(x)$

(e) $f'(x) = -4\sin(x) + 2\cos(x)$

(f) $f'(x) = -4\sin(x) + e^{2x} \cdot 2 + 3\ln(2) \cdot 2^x$

(g) $f'(x) = 4e^x - \sin(x) - \cos(x)$

(h) $f'(x) = \frac{\cos(x)}{x} - \ln(x)\sin(x)$

(i) $f'(x) = \cos(2x)$

(j) $f'(x) = \ln(2) \cdot 2^{2x+1}\cos(x) - 4^x\sin(x)$

(k) $f'(x) = \frac{-\cos(x) - x\sin(x)}{x^2}$

(l) $f'(x) = \sec(x) + x\sec^2(x)\sin(x)$

(m) $f'(x) = e^x\sec^2(x)(\cos(x) + \sin(x))$

(n) $f'(x) = \sec^2(x)$

(ñ) $f'(x) = -\csc^2(x)$

(o) $f'(x) = x^2\sin(x)$

(p) $f'(x) = 5\cos(x) - 3\sin(x)$

(q) $f'(x) = -\frac{2}{1-\sin(2x)}$

(r) $f'(x) = e^x\cos(x) - e^x\sin(x)$

(s) $f'(x) = 2 - 15\cos^2(x)\sin(x)$

(t) $f'(x) = \frac{x\sin(5x^2) + x\sin(x^2)}{2}$

(u) $f'(x) = \frac{\sin(x)}{(1-3\cos(x))^3}$

(v) $f'(x) = \sec^3(x)\tan(x) - \sec(x)\tan(x)$

(w) $f'(x) = \frac{3\cos(x) + 2\sin(x)}{2\sqrt{5}\sqrt{3\sin(x) - 2\cos(x)}}$

(x) $f'(x) = \frac{\csc^{\frac{4}{3}}(x)}{3\csc(2x)} + 3\sec^3(x)\tan(x)$

(y) $f'(x) = -\csc^4(x)\sin(2x)$

(z) $f'(x) = 15\sin^2(5x)\cos^2\left(\frac{x}{3}\right)\cos(5x) - \frac{\sin^3(5x)\sin\left(\frac{2x}{3}\right)}{3}$

11. (a) $f'(x) = \frac{1}{15}\left(-3\cos^2(x)\sin(x)(\cos^2(x) - 5) - \cos^3(x)\sin(2x)\right)$

(b) $f'(x) = -a\sin(ax+b)$

(c) $f'(x) = 3\left(\cos^3(x) - \sin(2x)\sin(x)\right) + 3\sin^2(x)\cos(x)$

(d) $f'(x) = \frac{\sin(2x) - b\sin(2x)}{2\sqrt{a + \sin^2(x) + b\cos^2(x)}}$

(e) $f'(x) = \frac{e^{ax}\left(b^2\sin(bx) + b\cos(bx)\right) + ae^{ax}(a + \sin(bx) - b\cos(bx))}{a^2 + b^2}$

(f) $f'(x) = e^{-x}\cos(3x)$

(g) $f'(x) = \frac{-a^{\sqrt{\cos(x)}}\tan(x)\sqrt{\cos(x)} - a^{\sqrt{\cos(x)}}\ln(a)\sin(x)}{2}$

(h) $f'(x) = \frac{\sin\left(\frac{x-1}{x}\right)}{x^2\cos\left(\frac{x-1}{x}\right)}$

(i) $f'(x) = 0$

(j) $f'(x) = -\frac{5x\cos^4(x^2)\sin(x^2)}{\sqrt{\cos^5(x^2)}}$

(k) $f'(x) = -\frac{2\sin\left(\sqrt[3]{x^2-5x+9}\right)\cos\left(\sqrt[3]{x^2-5x+9}\right)(2x-5)}{3(x^2-5x+9)^{\frac{2}{3}}}$

(l) $f'(x) = \cos(2x)\cos(x) - 2\sin(2x)\sin(x)$

(m) $f'(x) = ae^{ax}\cos(bx) - be^{ax}\sin(bx)$

(n) $f'(x) = x\cos(x)$

(ñ) $f'(x) = 2\csc(2x) + e^{2x} \cdot 2$

(o) $f'(x) = \frac{2\sin\left(\frac{1}{x^2}\right)}{x^3} - \frac{\cos(\sqrt{x})}{2\sqrt{x}}$

(p) $f'(x) = \frac{3}{5}\cos(5x-2)$

(q) $f'(x) = -2\cos^3\left(\frac{x}{2}\right)\sin\left(\frac{x}{2}\right)$

(r) $f'(x) = -\frac{4\sin\left(\frac{2x}{5}\right)}{5} + 15\cos(5x)$

(s) $f'(x) = \frac{\cos(x) - \sin(x) + x\cos(x) + x\sin(x) + 1}{(\cos(x) + x)^2}$

(t) $f'(x) = -2\tan(2x)$

(u) $f'(x) = -\sin\left(\sqrt{x} + 4x^3 - 1\right)\left(12x^2 + \frac{1}{2\sqrt{x}}\right)$

(v) $f'(x) = -\sin(\ln(x) + 5x)\left(\frac{1}{x} + 5\right)$

(w) $f'(x) = -125x^4\cos^4\left((x^5+1)^5\right)\sin\left((x^5+1)^5\right)(x^5+1)^4$

(x) $f'(x) = e^{\sin^2(x)}\sin(2x) - e^{\cos^2(x)}\sin(2x)$

12. (a) $f'(x) = \tan(x)$

(b) $f'(x) = \cos(2x) \cdot 2$

(c) $f'(x) = -\frac{\sin(x) + \cos(x)}{e^x}$

(d) $f'(x) = -\frac{\tan(x)\cos\left(\sqrt{\ln(\cos(x))}\right)}{2\sqrt{\ln(\cos(x))}}$

(e) $f'(x) = x^{\cos(x)}\left(\frac{\cos(x)}{x} - \ln(x)\sin(x)\right)$

(f) $f'(x) = \sin^{-1+\cos(x)}(x)\left(\cos^2(x) - \sin^2(x)\ln(\sin(x))\right)$ (h) $f'(x) = \cos^{\sin(x)}(x)\left(\cos(x)\ln(\cos(x)) - \tan(x)\sin(x)\right)$

(g) $f'(x) = \cos^x(ax)\left(\ln(\cos(ax)) - ax\tan(ax)\right)$

13. $f'(x) = -2\tan(2x)$

14. (a) $f'(x) = 2\tan(x)\sec^2(x)$
    (b) $f'(x) = 4\sec^2(x)$
    (c) $f'(x) = \frac{5}{4}\sec^2(x)$
    (d) $f'(x) = -3\sec^2(x)$
    (e) $f'(x) = \ln(2)\cdot 2^x + 2\sec^2(x) + \cos(x)$
    (f) $f'(x) = 12x^2 + 4e^x - 3\sec^2(x) - \sin(x)$
    (g) $f'(x) = \sec^2(x) + \frac{3}{x}$
    (h) $f'(x) = 5x^4\tan(x) + \sec^2(x)x^5$
    (i) $f'(x) = e^x\tan(x) + \sec^2(x)e^x$
    (j) $f'(x) = 2x\tan(x) + \sec^2(x)x^2$
    (k) $f'(x) = \frac{x\sec^2(x) - \tan(x)}{x^2}$
    (l) $f'(x) = e^x\cot(x) - e^x\csc^2(x)$
    (m) $f'(x) = \sec^2(x) - \tan^2(x)\sec^2(x) + \tan^4(x)\sec^2(x)$
    (n) $f'(x) = \cos(3x)\cdot 3 - \frac{1}{5}\sin\left(\frac{x}{5}\right) + \frac{\sec^2(\sqrt{x})}{2\sqrt{x}}$
    (ñ) $f'(x) = \cos(x^2 - 5x + 1)(2x - 5) - \frac{a\sec^2\left(\frac{a}{x}\right)}{x^2}$
    (o) $f'(x) = 10\sec^2(5x)\tan(5x)$
    (p) $f'(x) = \tan^2(x)\sec^2(x) - \sec^2(x) + 1$
    (q) $f'(x) = \csc^2(x)\cot(x) + 2\csc(2x)$
    (r) $f'(x) = 2\tan(x)\sec^2(x)$
    (s) $f'(x) = x\sec^2(x^2)\sqrt{\cot(x^2)}$
    (t) $f'(x) = e^x\tan(x) + \sec^2(x)e^x$
    (u) $f'(x) = \sec^2\left(\frac{x}{2}\right)\tan\left(\frac{x}{2}\right)$
    (v) $f'(x) = -\sin(x) + \sec^2(x)(1 - \sin(x))$
    (w) $f'(x) = x^{\tan(x)}\left(\frac{\tan(x)}{x} + \sec^2(x)\ln(x)\right)$

15. (a) $f'(x) = \frac{e\sec^2(x)}{2\sqrt{\tan(x)}}$
    (b) $f'(x) = \frac{a\sec^2(ax)}{3\tan^{\frac{2}{3}}(ax)}$
    (c) $f'(x) = 3\tan^2(3x)\sec^2(3x) - \sec^2(x) + 1$
    (d) $f'(x) = \frac{2x\sec^2(x) - 3(2\tan(x) + 1)}{x^4}$
    (e) $f'(x) = \sec^2(2x^2 + x)(4x + 1)$
    (f) $f'(x) = \sec^2(\sin(x))\cos(x)$
    (g) $f'(x) = 2x\tan(x^2) + 2x^3\sec^2(x^2)$
    (h) $f'(x) = 2\csc(2x)$
    (i) $f'(x) = \frac{\sec^2(\ln(x))}{2x\sqrt{\tan(\ln(x))}}$

16. (a) $f'(x) = -18x\cot^8(x^2)\csc^2(x^2)$
    (b) $f'(x) = 4x\sec^2(x^2)\tan(x^2)$
    (c) $f'(x) = -\frac{\csc^2(\ln(x))}{x}$
    (d) $f'(x) = \cot(x) - x\csc^2(x)$
    (e) $f'(x) = -\csc^2\left(\frac{x}{a}\right)$
    (f) $f'(x) = -4\sec^2(x)\sin(2\sec^2(x))\tan(x)$
    (g) $f'(x) = -\frac{\csc^2(x)}{2\sqrt{\cot(x)}}$
    (h) $f'(x) = \csc^2(x) + \sec^2(x)$
    (i) $f'(x) = \frac{\ln(3)\cdot 3^{\cot\left(\frac{1}{x}\right)}\csc^2\left(\frac{1}{x}\right)}{x^2}$

17. (a) $f'(x) = \frac{1}{\sqrt{-x^2+1}}$
    (b) $f'(x) = \frac{1}{2\sqrt{x}\arccos^2(\sqrt{x})\sqrt{-x+1}}$
    (c) $f'(x) = \frac{5e^{5x}}{e^{10x}+1}$
    (d) $f'(x) = \frac{\ln(2)\cdot 2^{\arcsin(\ln(x))}}{x\sqrt{1-\ln^2(x)}}$
    (e) $f'(x) = -\frac{\sec^2(\sin(x))\cos(x)}{\sqrt{1-\tan^2(\sin(x))}}$
    (f) $f'(x) = 2\arctan(2x)$
    (g) $f'(x) = \frac{1}{x(\ln^2(x)+1)\sqrt{1+\ln^2(x)}}$
    (h) $f'(x) = \frac{e^x}{\sqrt{1-e^{2x}}}$
    (i) $f'(x) = -\frac{4\sqrt{x}-1}{2\sqrt{x}\sqrt{1-4x^2+4x\sqrt{x}-x}}$
    (j) $f'(x) = \frac{1+e^{-x}}{\sqrt{1-x^2+2e^{-x}x-e^{-2x}}}$
    (k) $f'(x) = \frac{\sqrt{(x+1)^2}}{(x+1)^2\sqrt{2x+1}}$
    (l) $f'(x) = \frac{1}{x\sqrt{2\ln(x)-\ln^2(x)}}$
    (m) $f'(x) = \frac{3}{9x^2-6x+2}$

(n) $f'(x) = \dfrac{1}{2(1-x^2)^{\frac{1}{2}}}$

(ñ) $f'(x) = 0$

(o) $f'(x) = \arcsin(x) + \dfrac{x}{\sqrt{1-x^2}}$

(p) $f'(x) = x\arctan(x)$

(q) $f'(x) = e^x \arcsin(x) + \dfrac{e^x}{\sqrt{1-x^2}}$

(r) $f'(x) = \dfrac{1}{2\sqrt{1+\arcsin(x)}\sqrt{-x^2+1}}$

(s) $f'(x) = -\dfrac{1}{\arctan^2(x)(1+x^2)}$

(t) $f'(x) = \dfrac{2}{\sqrt{1-4x^2}}$

18. (a) $f'(x) = -\dfrac{2\sqrt{x^4}}{x^3\sqrt{x^4-1}}$

(b) $f'(x) = -\dfrac{1}{2\sqrt{x}\sqrt{1-x}}$

(c) $f'(x) = -\dfrac{1}{x^2+1}$

(d) $f'(x) = -\dfrac{1}{1+x^2}$

(e) $f'(x) = -\dfrac{e^x}{\sqrt{1-e^{2x}}}$

(f) $f'(x) = 0$

(g) $f'(x) = \dfrac{2\arcsin(x)\arccos(x) - \arcsin^2(x)}{2\sqrt{-x^2+1}}$

(h) $f'(x) = \dfrac{2\sqrt{x^4}}{x^3\sqrt{2x^2-1}}$

(i) $f'(x) = \dfrac{1}{1+x^2}$

(j) $f'(x) = \dfrac{-\sqrt{-x^2+1} + x\arccos(x)}{(1-x^2)\sqrt{-x^2+1}}$

(k) $f'(x) = \dfrac{1}{\sqrt{a-bx^2}}$

(l) $f'(x) = \sqrt{\dfrac{a-x}{a+x}}$

(m) $f'(x) = \dfrac{-2x^2+a^2}{\sqrt{a^2-x^2}} + a\sqrt{\dfrac{a^2}{a^2-x^2}}$

(n) $f'(x) = -\dfrac{x}{\sqrt{-x^2+2x}}$

(ñ) $f'(x) = \arcsin(\sqrt{x})$

(o) $f'(x) = \dfrac{5}{\arcsin(5x)\sqrt{1-25x^2}}$

(p) $f'(x) = \dfrac{1}{x\sqrt{1-\ln^2(x)}}$

(q) $f'(x) = \dfrac{\sin(a)}{x^2\sin^2(a) + (-x\cos(a)+1)^2}$

(r) $f'(x) = \dfrac{1}{5+4\sin(x)}$

(s) $f'(x) = \dfrac{3b^2}{2\sqrt{x}(b-x)^{\frac{1}{2}}}$

(t) $f'(x) = -1 + \dfrac{2}{1+\cos^2(x)}$

(u) $f'(x) = (\arctan x)^x \left(\ln(\arctan(x)) + \dfrac{x}{\arctan(x)(1+x^2)} \right)$

(v) $f'(x) = 0$

(w) $f'(x) = \dfrac{1}{x(\ln^2(x)+1)}$

19. (a) $f'(x) = \dfrac{x\sqrt{-\ln^2(x)+1} + \ln(x)\sqrt{-x^2+1}\sqrt{-\ln^2(x)+1} + \sqrt{-x^2+1}}{x\left(\arcsin(x) + \frac{1}{2}\ln^2(x) + \arcsin(\ln(x))\right)\sqrt{-x^2+1}\sqrt{-\ln^2(x)+1}}$

(b) $f'(x) = \dfrac{x^2}{(x+1)(x-1)(x^2+2)}$

(c) $f'(x) = -\dfrac{1}{x(\ln^2(x)+1)}$

(d) $f'(x) = \dfrac{2\cos(x)\sqrt{\csc(x)}}{(\sin(x)+1)\left(\sqrt{\sin(x)}+1\right)\left(-\sqrt{\sin(x)}+1\right)}$

(e) $f'(x) = \dfrac{2x\sqrt{-x^2+1} + \arcsin(x)}{(-x^2+1)\sqrt{-x^2+1}}$

(f) $f'(x) = \dfrac{x(x-3)}{(x+1)(x-1)(x^2+1)}$

(g) $f'(x) = -\dfrac{2a}{a^2+x^2}$

(h) $f'(x) = \dfrac{-1+\sqrt{x^2+1}}{(2x^2 - 2\sqrt{x^2+1}+2)\sqrt{x^2+1}}$

(i) $f'(x) = \dfrac{2(-2x^2+1)}{\sqrt{1-4x^2(1-x^2)}\sqrt{-x^2+1}}$

20. $(\sqrt{x})^2 = x$, derivando a ambos lados, $2(\sqrt{x}) \cdot (\sqrt{x})' = 1$ y, despejando $(\sqrt{x})' = \dfrac{1}{2\sqrt{x}}$

21. Sea g la inversa de f, entonces $(g \circ f)(x) = x$, derivando $g'(f(x)) \cdot f'(x) = g'(x+\sqrt{x+5}) \cdot \left(1 + \dfrac{1}{2\sqrt{x+5}}\right) = 1$ Como $x + \sqrt{x+5} = -3$, $x = -4$, luego $g'(-3) \cdot \dfrac{3}{2} = 1$, por lo que $g'(-3) = \dfrac{2}{3}$.

22. Sea g la inversa de f, entonces $(g \circ f)(x) = x$, derivando $g'(f(x)) \cdot f'(x) = g'(x^3+x+1) \cdot (3x^2+1) = 1$ Como $x^3+x+1 = 11$, $x = 2$, luego $g'(11) \cdot 13 = 1$, por lo que $g'(11) = \dfrac{1}{13}$.

23. $(\sqrt[5]{x})^5 = x$, derivando a ambos lados, $5(\sqrt[5]{x})^4 \cdot (\sqrt[5]{x})' = 1$ y, despejando $(\sqrt[5]{x})' = \dfrac{1}{5\sqrt[5]{x^4}}$. Recta tangente $y - 2 = \dfrac{1}{80}(x-2)$.

24. Sea g la inversa de f, entonces $(g \circ f)(x) = x$, derivando $g'(f(x)) \cdot f'(x) = g'(x^2 + \sqrt{x}) \cdot \left(2x + \frac{1}{2\sqrt{x}}\right) = 1$ Como $x^2 + \sqrt{x} = 2$, $x = 1$, luego $g'(2) \cdot \frac{5}{2} = 1$, por lo que $g'(2) = \frac{2}{5}$.

25. (a) Sea g la inversa de f, entonces $(g \circ f)(x) = x$, derivando $g'(f(x)) \cdot f'(x) = g'(x^2 + \sqrt{x}) \cdot \left(2x + \frac{1}{\sqrt{2}}\right) = 1$, por lo que
$$g'(x^2 + \sqrt{x}) = \frac{1}{\left(2x + \frac{1}{\sqrt{2}}\right)}$$

(b) $\left[(x^2 + \sqrt{x})^{\frac{2}{3}}\right]' = \frac{2}{3}(x^2 + \sqrt{x})^{-\frac{1}{3}}\left(2x + \frac{1}{2\sqrt{x}}\right)$

(c) $[f(f(x))]' = f'(f(x)) \cdot f'(x) = \left(2(x^2 + \sqrt{x}) + \frac{1}{2\sqrt{x^2 + \sqrt{x}}}\right) \cdot \left(2x + \frac{1}{2\sqrt{x}}\right)$

(d) $g'(x) = \left[\frac{1}{(f(x))^2}\right]' = \left[(f(x))^{-2}\right]' = -2(f(x))^{-3}f'(x) = \frac{-2\left(2x + \frac{1}{2\sqrt{x}}\right)}{(x^2 + \sqrt{x})^3}$